paperblanks®
PLANNERS

paperblanks®

PLANNER
2025

DISCLAIMER
All dates provided by Paperblanks are accurate at the time of publication and are subject to changes or variances. They are meant as a guide only, and Paperblanks accepts no liability for any use of this information.

Printed on acid-free, sustainable forest paper.
© 2024 Paperblanks Ltd. All rights reserved.
No part of this book may be reproduced without written permission from the publisher. Paperblanks are produced by Paperblanks Ltd. and Paperblanks Journals Ltd. Made in China.
North America 1-800-277-5887
Europe 800-3333-8005
Australia 1800-082-792
paperblanks.com

NAME _____ _____

PHONE _____

IN CASE OF EMERGENCY, PLEASE CONTACT

NAME _____

PHONE _____

2025

JANUARY
M	T	W	T	F	S	**S**
30	31	1	2	3	4	**5**
6	7	8	9	10	11	**12**
13	14	15	16	17	18	**19**
20	21	22	23	24	25	**26**
27	28	29	30	31	1	2

FEBRUARY
M	T	W	T	F	S	**S**
27	28	29	30	31	1	**2**
3	4	5	6	7	8	**9**
10	11	12	13	14	15	**16**
17	18	19	20	21	22	**23**
24	25	26	27	28	1	2

MARCH
M	T	W	T	F	S	**S**
24	25	26	27	28	1	**2**
3	4	5	6	7	8	**9**
10	11	12	13	14	15	**16**
17	18	19	20	21	22	**23**
24/31	25	26	27	28	29	**30**

APRIL
M	T	W	T	F	S	**S**
31	1	2	3	4	5	**6**
7	8	9	10	11	12	**13**
14	15	16	17	18	19	**20**
21	22	23	24	25	26	**27**
28	29	30	1	2	3	4

MAY
M	T	W	T	F	S	**S**
28	29	30	1	2	3	**4**
5	6	7	8	9	10	**11**
12	13	14	15	16	17	**18**
19	20	21	22	23	24	**25**
26	27	28	29	30	31	1

JUNE
M	T	W	T	F	S	**S**
26	27	28	29	30	31	**1**
2	3	4	5	6	7	**8**
9	10	11	12	13	14	**15**
16	17	18	19	20	21	**22**
23/30	24	25	26	27	28	**29**

JULY
M	T	W	T	F	S	**S**
30	1	2	3	4	5	**6**
7	8	9	10	11	12	**13**
14	15	16	17	18	19	**20**
21	22	23	24	25	26	**27**
28	29	30	31	1	2	3

AUGUST
M	T	W	T	F	S	**S**
28	29	30	31	1	2	**3**
4	5	6	7	8	9	**10**
11	12	13	14	15	16	**17**
18	19	20	21	22	23	**24**
25	26	27	28	29	30	**31**

SEPTEMBER
M	T	W	T	F	S	**S**
1	2	3	4	5	6	**7**
8	9	10	11	12	13	**14**
15	16	17	18	19	20	**21**
22	23	24	25	26	27	**28**
29	30	1	2	3	4	5

OCTOBER
M	T	W	T	F	S	**S**
29	30	1	2	3	4	**5**
6	7	8	9	10	11	**12**
13	14	15	16	17	18	**19**
20	21	22	23	24	25	**26**
27	28	29	30	31	1	2

NOVEMBER
M	T	W	T	F	S	**S**
27	28	29	30	31	1	**2**
3	4	5	6	7	8	**9**
10	11	12	13	14	15	**16**
17	18	19	20	21	22	**23**
24	25	26	27	28	29	**30**

DECEMBER
M	T	W	T	F	S	**S**
1	2	3	4	5	6	**7**
8	9	10	11	12	13	**14**
15	16	17	18	19	20	**21**
22	23	24	25	26	27	**28**
29	30	31	1	2	3	4

LEGEND FOR SYMBOLS

Moon Phases

- ☽ FIRST QUARTER
- ☾ LAST QUARTER
- ○ FULL MOON
- ● NEW MOON

- ❀ FIRST DAY OF SPRING
- 🍂 FIRST DAY OF AUTUMN
- ☀ SHORTEST DAY
- ☼ LONGEST DAY
- ⏲ DAYLIGHT SAVING TIME BEGINS/ENDS

INTERNATIONAL HOLIDAYS 2025

AUSTRALIA

January 1	New Year's Day
26	Australia Day
April 18	Good Friday
19	Easter Saturday*
20	Easter Sunday
21	Easter Monday
25	Anzac Day
June 9	King's Birthday*
December 25	Christmas Day
26	Boxing Day

AUSTRIA

January 1	New Year's Day
6	Epiphany
April 18	Good Friday*
20	Easter
21	Easter Monday
May 1	Labour Day
29	Ascension
June 9	Whit Monday
19	Corpus Christi Day
August 15	Assumption
October 26	National Day
November 1	All Saints' Day
December 8	Immaculate Conception
25	Christmas Day
26	St. Stephen's Day

BELGIUM

January 1	New Year's Day
April 20	Easter
21	Easter Monday
May 1	Labour Day
29	Ascension
June 9	Whit Monday
July 21	National Day
August 15	Assumption
November 1	All Saints' Day
11	Armistice Day
December 25	Christmas Day

CANADA

January 1	New Year's Day
February 17	Civic Holiday*
April 18	Good Friday
20	Easter
May 19	Victoria Day
July 1	Canada Day
August 4	Civic Holiday*
September 1	Labour Day
October 13	Thanksgiving Day
November 11	Remembrance Day
December 25	Christmas Day
26	Boxing Day*

CZECH REPUBLIC

January 1	New Year's Day
April 18	Good Friday
20	Easter
21	Easter Monday
May 1	May Day
8	Liberation Day
July 5	St. Cyril and St. Methodius Day
6	Jan Hus Day
September 28	Statehood Day
October 28	Independence Day
November 17	Freedom and Democracy Day
December 24	Christmas Eve
25	Christmas Day
26	Second Christmas Day

FRANCE

January 1	New Year's Day
April 20	Easter
21	Easter Monday
May 1	Labour Day
8	WWII Victory Day
29	Ascension
June 9	Whit Monday
July 14	National Day
August 15	Assumption
November 1	All Saints' Day
11	Armistice Day
December 25	Christmas Day

INTERNATIONAL HOLIDAYS 2025

GERMANY
- January 1 — New Year's Day
- April 18 — Good Friday
- 20 — Easter
- 21 — Easter Monday
- May 1 — Labour Day
- 29 — Ascension
- June 9 — Whit Monday
- October 3 — Day of German Unity
- December 25 — Christmas Day
- 26 — Second Christmas Day

IRELAND
- January 1 — New Year's Day
- February 1 — St. Brigid's Day
- March 17 — St. Patrick's Day
- April 18 — Good Friday
- 20 — Easter
- 21 — Easter Monday
- May 5 — May Bank Holiday
- June 2 — June Bank Holiday
- August 4 — August Bank Holiday
- October 27 — October Bank Holiday
- December 25 — Christmas Day
- 26 — St. Stephen's Day

ITALY
- January 1 — New Year's Day
- 6 — Epiphany
- April 20 — Easter
- 21 — Easter Monday
- 25 — Liberation Day
- May 1 — Labour Day
- June 2 — Republic Day
- August 15 — Assumption
- November 1 — All Saints' Day
- December 8 — Immaculate Conception
- 25 — Christmas Day
- 26 — St. Stephen's Day

JAPAN
- January 1 — New Year's Day
- January 13 — Coming of Age Day
- February 11 — National Foundation Day
- 23 — Emperor's Birthday
- March 20 — Vernal Equinox Day
- April 29 — Showa Day
- May 3 — Constitution Memorial Day
- 4 — Greenery Day
- 5 — Children's Day
- July 21 — Marine Day
- August 11 — Mountain Day
- September 15 — Respect for the Aged Day
- 23 — Autumnal Equinox Day
- October 13 — Sports Day
- November 3 — Culture Day
- 23 — Labour Thanksgiving Day

NETHERLANDS
- January 1 — New Year's Day
- April 18 — Good Friday*
- 20 — Easter
- 21 — Easter Monday
- 27 — King's Birthday
- May 5 — Liberation Day
- 29 — Ascension
- June 8 — Pentecost
- 9 — Whit Monday
- December 25 — Christmas Day
- 26 — Second Christmas Day

NORWAY
- January 1 — New Year's Day
- April 17 — Maundy Thursday
- 18 — Good Friday
- 20 — Easter
- 21 — Easter Monday
- May 1 — Labour Day
- 17 — Constitution Day
- 29 — Ascension
- June 8 — Whit Sunday

INTERNATIONAL HOLIDAYS 2025

June 9 Whit Monday
December 25 Christmas Day
26 Second Christmas Day

POLAND

January 1 New Year's Day
6 Epiphany
April 20 Easter
21 Easter Monday
May 1 State Holiday
3 Constitution Day
June 8 Pentecost
19 Corpus Christi Day
August 15 Assumption
November 1 All Saints' Day
11 Independence Day
December 25 Christmas Day
26 Second Christmas Day

PORTUGAL

January 1 New Year's Day
March 4 Shrove Tuesday (Carnival)
April 18 Good Friday
20 Easter
25 Liberation Day
May 1 Labour Day
June 10 National Day
19 Corpus Christi Day
August 15 Assumption
October 5 Republic Day
November 1 All Saints' Day
December 1 Independence Day
8 Immaculate Conception
25 Christmas Day

SLOVAKIA

January 1 New Year's Day
Republic Day
6 Epiphany
April 18 Good Friday
20 Easter
21 Easter Monday
May 1 May Day
8 Victory Day
July 5 St. Cyril and St. Methodius Day
August 29 Slovak National Uprising Day
September 1 Constitution Day
15 Our Lady of Sorrows Day
November 1 All Saints' Day
17 Freedom and Democracy Day
December 24 Christmas Eve
25 Christmas Day
26 Second Christmas Day

SPAIN

January 1 New Year's Day
6 Epiphany
April 17 Maundy Thursday*
18 Good Friday
May 1 Labour Day
August 15 Assumption
October 12 National Day
November 1 All Saints' Day
December 6 Constitution Day
8 Immaculate Conception
25 Christmas Day

SWEDEN

January 1 New Year's Day
6 Epiphany
April 18 Good Friday
20 Easter
21 Easter Monday
May 1 Labour Day
29 Ascension
June 6 National Day
8 Pentecost
21 Midsummer's Day
November 1 All Saints' Day
December 25 Christmas Day
26 Second Christmas Day

INTERNATIONAL HOLIDAYS 2025

SWITZERLAND
- January 1 — New Year's Day
- April 18 — Good Friday*
- 20 — Easter
- 21 — Easter Monday*
- May 1 — Labour Day*
- 29 — Ascension
- June 9 — Whit Monday*
- August 1 — National Day
- December 25 — Christmas Day
- 26 — St. Stephen's Day*

UNITED KINGDOM
- January 1 — New Year's Day
- 2 — Second of January*
- March 17 — St. Patrick's Day*
- April 18 — Good Friday
- 20 — Easter
- 21 — Easter Monday*
- May 5 — Early May Bank Holiday
- May 26 — Spring Bank Holiday
- August 4 — Summer Bank Holiday*
- 25 — Summer Bank Holiday*
- November 30 — St. Andrew's Day*
- December 25 — Christmas Day
- 26 — Boxing Day

USA
- January 1 — New Year's Day
- 20 — Martin Luther King Jr. Day
- February 17 — Presidents' Day
- April 20 — Easter
- May 26 — Memorial Day
- July 4 — Independence Day
- September 1 — Labour Day
- October 13 — Columbus Day
- November 11 — Veterans' Day
- 27 — Thanksgiving Day
- December 25 — Christmas Day

*Not a public holiday/Not a public holiday in all regions.
This table lists commemorative dates. Additional public holidays may precede or follow some dates.
Regional holidays may not be included. This information is provided as a guide only.

NOTES

NOTES

JANUARY – 2025 MONTH PLANNER

MONDAY	TUESDAY	WEDNESDAY	THURSDAY	FRIDAY	SATURDAY	SUNDAY
30	31	1	2	3	4	5
6	7	8	9	10	11	12
13	14	15	16	17	18	19
20	21	22	23	24	25	26
27	28	29	30	31	1	2

FEBRUARY – 2025 MONTH PLANNER

MONDAY	TUESDAY	WEDNESDAY	THURSDAY	FRIDAY	SATURDAY	SUNDAY
27	28	29	30	31	1	2
3	4	5	6	7	8	9
10	11	12	13	14	15	16
17	18	19	20	21	22	23
24	25	26	27	28	1	2

MARCH – 2025 MONTH PLANNER

MONDAY	TUESDAY	WEDNESDAY	THURSDAY	FRIDAY	SATURDAY	SUNDAY
24	25	26	27	28	1	2
3	4	5	6	7	8	9
10	11	12	13	14	15	16
17	18	19	20	21	22	23
24	25	26	27	28	29	30
31						

APRIL – 2025 MONTH PLANNER

MONDAY	TUESDAY	WEDNESDAY	THURSDAY	FRIDAY	SATURDAY	SUNDAY
31	1	2	3	4	5	6
7	8	9	10	11	12	13
14	15	16	17	18	19	20
21	22	23	24	25	26	27
28	29	30	1	2	3	4

MAY – 2025 MONTH PLANNER

MONDAY	TUESDAY	WEDNESDAY	THURSDAY	FRIDAY	SATURDAY	SUNDAY
28	29	30	1	2	3	4
5	6	7	8	9	10	11
12	13	14	15	16	17	18
19	20	21	22	23	24	25
26	27	28	29	30	31	1

JUNE – 2025 MONTH PLANNER

MONDAY	TUESDAY	WEDNESDAY	THURSDAY	FRIDAY	SATURDAY	SUNDAY
26	27	28	29	30	31	1
2	3	4	5	6	7	8
9	10	11	12	13	14	15
16	17	18	19	20	21	22
23	24	25	26	27	28	29
30						

JULY – 2025 MONTH PLANNER

MONDAY	TUESDAY	WEDNESDAY	THURSDAY	FRIDAY	SATURDAY	SUNDAY
30	1	2	3	4	5	6
7	8	9	10	11	12	13
14	15	16	17	18	19	20
21	22	23	24	25	26	27
28	29	30	31	1	2	3

AUGUST – 2025 MONTH PLANNER

MONDAY	TUESDAY	WEDNESDAY	THURSDAY	FRIDAY	SATURDAY	SUNDAY
28	29	30	31	1	2	3
4	5	6	7	8	9	10
11	12	13	14	15	16	17
18	19	20	21	22	23	24
25	26	27	28	29	30	31

SEPTEMBER – 2025 MONTH PLANNER

MONDAY	TUESDAY	WEDNESDAY	THURSDAY	FRIDAY	SATURDAY	SUNDAY
1	2	3	4	5	6	7 ○
8	9	10	11	12	13	14 ☾
15	16	17	18	19	20	21 ●
22	23	24	25	26	27	28
29	30	1	2	3	4	5

OCTOBER – 2025 MONTH PLANNER

MONDAY	TUESDAY	WEDNESDAY	THURSDAY	FRIDAY	SATURDAY	SUNDAY
29	30	1	2	3	4	5
6	7	8	9	10	11	12
13	14	15	16	17	18	19
20	21	22	23	24	25	26
27	28	29	30	31	1	2

NOVEMBER – 2025 MONTH PLANNER

MONDAY	TUESDAY	WEDNESDAY	THURSDAY	FRIDAY	SATURDAY	SUNDAY
27	28	29	30	31	1	2
3	4	5	6	7	8	9
10	11	12	13	14	15	16
17	18	19	20	21	22	23
24	25	26	27	28	29	30

DECEMBER – 2025 MONTH PLANNER

MONDAY	TUESDAY	WEDNESDAY	THURSDAY	FRIDAY	SATURDAY	SUNDAY
1	2	3	4	5	6	7
8	9	10	11	12	13	14
15	16	17	18	19	20	21
22	23	24	25	26	27	28
29	30	31	1	2	3	4

NOTES

NOTES

THE YEAR
2025

WEEK 1   DECEMBER–JANUARY

MONDAY
30 ●

TUESDAY
31

WEDNESDAY
1

THURSDAY
2

2024–2025

FRIDAY
3

SATURDAY
4

SUNDAY
5

NOTES

JANUARY

M	T	W	T	F	S	**S**
30	31	1	2	3	4	**5**
6	7	8	9	10	11	**12**
13	14	15	16	17	18	**19**
20	21	22	23	24	25	**26**
27	28	29	30	31	1	2

WEEK 2

JANUARY

MONDAY
6 ☾

TUESDAY
7

WEDNESDAY
8

THURSDAY
9

2025

FRIDAY
10

SATURDAY
11

SUNDAY
12

NOTES

JANUARY

	M	T	W	T	F	S	**S**
1	30	31	1	2	3	4	**5**
2	6	7	8	9	10	11	**12**
3	13	14	15	16	17	18	**19**
4	20	21	22	23	24	25	**26**
5	27	28	29	30	31	1	2

WEEK 3   JANUARY

MONDAY
13 ○

TUESDAY
14

WEDNESDAY
15

THURSDAY
16

2025

FRIDAY
17

SATURDAY
18

SUNDAY
19

NOTES

JANUARY

M	T	W	T	F	S	S
30	31	1	2	3	4	**5**
6	7	8	9	10	11	**12**
13	14	15	16	17	18	**19**
20	21	22	23	24	25	**26**
27	28	29	30	31	1	2

WEEK 4

JANUARY

MONDAY
20

TUESDAY
21 ☾

WEDNESDAY
22

THURSDAY
23

2025

FRIDAY
24

SATURDAY
25

SUNDAY
26

NOTES

	JANUARY					
M	T	W	T	F	S	**S**
30	31	1	2	3	4	**5**
6	7	8	9	10	11	**12**
13	14	15	16	17	18	**19**
20	21	22	23	24	25	**26**
27	28	29	30	31	1	2

WEEK 5

JANUARY–FEBRUARY

MONDAY
27

TUESDAY
28

WEDNESDAY
29 ●

THURSDAY
30

2025

FRIDAY
31

SATURDAY
1

SUNDAY
2

NOTES

JANUARY

M	T	W	T	F	S	**S**
30	31	1	2	3	4	**5**
6	7	8	9	10	11	**12**
13	14	15	16	17	18	**19**
20	21	22	23	24	25	**26**
27	28	29	30	31	1	2

WEEK 6

FEBRUARY

MONDAY
3

TUESDAY
4

WEDNESDAY
5 ☽

THURSDAY
6

2025

FRIDAY
7

SATURDAY
8

SUNDAY
9

NOTES

FEBRUARY

	M	T	W	T	F	S	S
5	27	28	29	30	31	1	2
6	3	4	5	6	7	8	**9**
7	10	11	12	13	14	15	**16**
8	17	18	19	20	21	22	**23**
9	24	25	26	27	28	1	2

WEEK 7   FEBRUARY

MONDAY
10

TUESDAY
11

WEDNESDAY
12 ○

THURSDAY
13

2025

FRIDAY
14

SATURDAY
15

SUNDAY
16

NOTES

FEBRUARY

M	T	W	T	F	S	**S**
27	28	29	30	31	1	**2**
3	4	5	6	7	8	**9**
10	11	12	13	14	15	**16**
17	18	19	20	21	22	**23**
24	25	26	27	28	1	2

WEEK 8　　　　　　　　FEBRUARY

MONDAY
17

TUESDAY
18

WEDNESDAY
19

THURSDAY
20 ☾

2025

FRIDAY
21

SATURDAY
22

SUNDAY
23

NOTES

FEBRUARY

	M	T	W	T	F	S	**S**
5	27	28	29	30	31	1	**2**
6	3	4	5	6	7	8	**9**
7	10	11	12	13	14	15	**16**
8	17	18	19	20	21	22	**23**
9	24	25	26	27	28	1	2

WEEK 9 — FEBRUARY–MARCH

MONDAY
24

TUESDAY
25

WEDNESDAY
26

THURSDAY
27

2025

FRIDAY
28

SATURDAY
1

SUNDAY
2

NOTES

FEBRUARY

M	T	W	T	F	S	**S**
27	28	29	30	31	1	**2**
3	4	5	6	7	8	**9**
10	11	12	13	14	15	**16**
17	18	19	20	21	22	**23**
24	25	26	27	28	1	2

WEEK 10 MARCH

MONDAY
3

TUESDAY
4

WEDNESDAY
5

THURSDAY
6 ☾

2025

FRIDAY
7

SATURDAY
8

SUNDAY
9

NOTES

MARCH

	M	T	W	T	F	S	**S**
9	24	25	26	27	28	1	**2**
10	3	4	5	6	7	8	**9**
11	10	11	12	13	14	15	**16**
12	17	18	19	20	21	22	**23**
13	24/31	25	26	27	28	29	**30**

WEEK 11　　　　　　　　　MARCH

MONDAY
10

TUESDAY
11

WEDNESDAY
12

THURSDAY
13

2025

FRIDAY
14 ○

SATURDAY
15

SUNDAY
16

NOTES

MARCH

	M	T	W	T	F	S	**S**
9	24	25	26	27	28	1	**2**
10	3	4	5	6	7	8	**9**
11	10	11	12	13	14	15	**16**
12	17	18	19	20	21	22	**23**
13	24/31	25	26	27	28	29	**30**

WEEK 12 — MARCH

MONDAY
17

TUESDAY
18

WEDNESDAY
19

THURSDAY
20 ✿
09:01 UTC

2025

FRIDAY
21

SATURDAY
22 ☾

SUNDAY
23

NOTES

		MARCH					
	M	T	W	T	F	S	**S**
9	24	25	26	27	28	1	**2**
10	3	4	5	6	7	8	**9**
11	10	11	12	13	14	15	**16**
12	17	18	19	20	21	22	**23**
13	24/31	25	26	27	28	29	**30**

WEEK 13 — MARCH

MONDAY
24

TUESDAY
25

WEDNESDAY
26

THURSDAY
27

2025

FRIDAY
28

SATURDAY
29

SUNDAY
30

NOTES

MARCH

	M	T	W	T	F	S	S
9	24	25	26	27	28	1	2
10	3	4	5	6	7	8	9
11	10	11	12	13	14	15	16
12	17	18	19	20	21	22	23
13	24/31	25	26	27	28	29	30

WEEK 14 　　　　MARCH–APRIL

MONDAY
31

TUESDAY
1

WEDNESDAY
2

THURSDAY
3

2025

FRIDAY
4

SATURDAY
5 ☽

SUNDAY
6

NOTES

	APRIL						
	M	T	W	T	F	S	**S**
14	31	1	2	3	4	5	**6**
15	7	8	9	10	11	12	**13**
16	14	15	16	17	18	19	**20**
17	21	22	23	24	25	26	**27**
18	28	29	30	1	2	3	4

WEEK 15

APRIL

MONDAY
7

TUESDAY
8

WEDNESDAY
9

THURSDAY
10

2025

FRIDAY
11

SATURDAY
12

SUNDAY
13 ○

NOTES

APRIL

	M	T	W	T	F	S	**S**
14	31	1	2	3	4	5	**6**
15	**7**	**8**	**9**	**10**	**11**	**12**	**13**
16	14	15	16	17	18	19	**20**
17	21	22	23	24	25	26	**27**
18	28	29	30	1	2	3	4

WEEK 16 APRIL

MONDAY
14

TUESDAY
15

WEDNESDAY
16

THURSDAY
17

2025

FRIDAY
18

SATURDAY
19

SUNDAY
20

NOTES

APRIL

	M	T	W	T	F	S	**S**
14	31	1	2	3	4	5	**6**
15	7	8	9	10	11	12	**13**
16	14	15	16	17	18	19	**20**
17	21	22	23	24	25	26	**27**
18	28	29	30	1	2	3	4

WEEK 17　　　　　　　　　　APRIL

MONDAY
21 ☾

TUESDAY
22

WEDNESDAY
23

THURSDAY
24

2025

FRIDAY
25

SATURDAY
26

SUNDAY
27

NOTES

	APRIL						
	M	T	W	T	F	S	**S**
14	31	1	2	3	4	5	**6**
15	7	8	9	10	11	12	**13**
16	14	15	16	17	18	19	**20**
17	21	22	23	24	25	26	**27**
18	28	29	30	1	2	3	4

WEEK 18

APRIL–MAY

MONDAY
28

TUESDAY
29

WEDNESDAY
30

THURSDAY
1

2025

FRIDAY
2

SATURDAY
3

SUNDAY
4 ☽

NOTES

MAY

	M	T	W	T	F	S	**S**
18	28	29	30	1	2	3	**4**
19	5	6	7	8	9	10	**11**
20	12	13	14	15	16	17	**18**
21	19	20	21	22	23	24	**25**
22	26	27	28	29	30	31	1

WEEK 19

MAY

MONDAY
5

TUESDAY
6

WEDNESDAY
7

THURSDAY
8

2025

FRIDAY
9

SATURDAY
10

SUNDAY
11

NOTES

MAY

	M	T	W	T	F	S	**S**
18	28	29	30	1	2	3	**4**
19	5	6	7	8	9	10	**11**
20	12	13	14	15	16	17	**18**
21	19	20	21	22	23	24	**25**
22	26	27	28	29	30	31	1

WEEK 20   MAY

MONDAY
12 ○

TUESDAY
13

WEDNESDAY
14

THURSDAY
15

2025

FRIDAY
16

SATURDAY
17

SUNDAY
18

NOTES

MAY

	M	T	W	T	F	S	**S**
18	28	29	30	1	2	3	**4**
19	5	6	7	8	9	10	**11**
20	12	13	14	15	16	17	**18**
21	19	20	21	22	23	24	**25**
22	26	27	28	29	30	31	1

WEEK 21

MAY

MONDAY
19

TUESDAY
20 ☾

WEDNESDAY
21

THURSDAY
22

2025

FRIDAY
23

SATURDAY
24

SUNDAY
25

NOTES

	MAY						
	M	T	W	T	F	S	**S**
18	28	29	30	1	2	3	**4**
19	5	6	7	8	9	10	**11**
20	12	13	14	15	16	17	**18**
21	19	20	21	22	23	24	**25**
22	26	27	28	29	30	31	1

WEEK 22   MAY–JUNE

MONDAY
26

TUESDAY
27 ●

WEDNESDAY
28

THURSDAY
29

2025

FRIDAY
30

SATURDAY
31

SUNDAY
1

NOTES

	MAY						
	M	T	W	T	F	S	**S**
18	28	29	30	1	2	3	**4**
19	5	6	7	8	9	10	**11**
20	12	13	14	15	16	17	**18**
21	19	20	21	22	23	24	**25**
22	26	27	28	29	30	31	1

WEEK 23

JUNE

MONDAY
2

TUESDAY
3 ☽

WEDNESDAY
4

THURSDAY
5

2025

FRIDAY
6

SATURDAY
7

SUNDAY
8

NOTES

JUNE

	M	T	W	T	F	S	**S**
22	26	27	28	29	30	31	**1**
23	2	3	4	5	6	7	**8**
24	9	10	11	12	13	14	**15**
25	16	17	18	19	20	21	**22**
26	23/30	24	25	26	27	28	**29**

WEEK 24   JUNE

MONDAY
9

TUESDAY
10

WEDNESDAY
11 ○

THURSDAY
12

2025

FRIDAY
13

SATURDAY
14

SUNDAY
15

NOTES

JUNE

	M	T	W	T	F	S	**S**
22	26	27	28	29	30	31	**1**
23	2	3	4	5	6	7	**8**
24	9	10	11	12	13	14	**15**
25	16	17	18	19	20	21	**22**
26	23/30	24	25	26	27	28	**29**

WEEK 25   JUNE

MONDAY
16

TUESDAY
17

WEDNESDAY
18 ☾

THURSDAY
19

2025

FRIDAY
20

SATURDAY
21 ☼

02:42 UTC

SUNDAY
22

NOTES

JUNE

	M	T	W	T	F	S	**S**
22	26	27	28	29	30	31	**1**
23	2	3	4	5	6	7	**8**
24	9	10	11	12	13	14	**15**
25	**16**	**17**	**18**	**19**	**20**	**21**	**22**
26	23/30	24	25	26	27	28	**29**

week 26   JUNE

MONDAY
23

TUESDAY
24

WEDNESDAY
25 ●

THURSDAY
26

2025

FRIDAY
27

SATURDAY
28

SUNDAY
29

NOTES

JUNE

	M	T	W	T	F	S	**S**
22	26	27	28	29	30	31	**1**
23	2	3	4	5	6	7	**8**
24	9	10	11	12	13	14	**15**
25	16	17	18	19	20	21	**22**
26	23/30	24	25	26	27	28	**29**

WEEK 27   JUNE–JULY

MONDAY
30

TUESDAY
1

WEDNESDAY
2 ☽

THURSDAY
3

2025

FRIDAY
4

SATURDAY
5

SUNDAY
6

NOTES

	JULY						
	M	T	W	T	F	S	**S**
27	30	1	2	3	4	5	**6**
28	7	8	9	10	11	12	**13**
29	14	15	16	17	18	19	**20**
30	21	22	23	24	25	26	**27**
31	28	29	30	31	1	2	3

WEEK 28

JULY

MONDAY
7

TUESDAY
8

WEDNESDAY
9

THURSDAY
10 ○

2025

FRIDAY
11

SATURDAY
12

SUNDAY
13

NOTES

JULY

M	T	W	T	F	S	**S**
27 30	1	2	3	4	5	**6**
28 7	8	9	10	11	12	**13**
29 14	15	16	17	18	19	**20**
30 21	22	23	24	25	26	**27**
31 28	29	30	31	1	2	3

WEEK 29

JULY

MONDAY
14

TUESDAY
15

WEDNESDAY
16

THURSDAY
17

2025

FRIDAY
18 ☾

SATURDAY
19

SUNDAY
20

NOTES

JULY

M	T	W	T	F	S	**S**
27 30	1	2	3	4	5	**6**
28 7	8	9	10	11	12	**13**
29 14	15	16	17	18	19	**20**
30 21	22	23	24	25	26	**27**
31 28	29	30	31	1	2	3

WEEK 30   JULY

MONDAY
21

TUESDAY
22

WEDNESDAY
23

THURSDAY
24 ●

2025

FRIDAY
25

SATURDAY
26

SUNDAY
27

NOTES

JULY

	M	T	W	T	F	S	**S**
27	30	1	2	3	4	5	**6**
28	7	8	9	10	11	12	**13**
29	14	15	16	17	18	19	**20**
30	21	22	23	24	25	26	**27**
31	28	29	30	31	1	2	3

WEEK 31

JULY–AUGUST

MONDAY
28

TUESDAY
29

WEDNESDAY
30

THURSDAY
31

2025

FRIDAY
1 ☽

SATURDAY
2

SUNDAY
3

NOTES

		JULY				
M	T	W	T	F	S	**S**
27 30	1	2	3	4	5	**6**
28 7	8	9	10	11	12	**13**
29 14	15	16	17	18	19	**20**
30 21	22	23	24	25	26	**27**
31 28	29	30	31	1	2	3

WEEK 32   AUGUST

MONDAY
4

TUESDAY
5

WEDNESDAY
6

THURSDAY
7

2025

FRIDAY
8

SATURDAY
9 ○

SUNDAY
10

NOTES

	AUGUST						
	M	T	W	T	F	S	**S**
31	28	29	30	31	1	2	**3**
32	4	5	6	7	8	9	**10**
33	11	12	13	14	15	16	**17**
34	18	19	20	21	22	23	**24**
35	25	26	27	28	29	30	**31**

WEEK 33

AUGUST

MONDAY
11

TUESDAY
12

WEDNESDAY
13

THURSDAY
14

2025

FRIDAY
15

SATURDAY
16 ☾

SUNDAY
17

NOTES

AUGUST

	M	T	W	T	F	S	**S**
31	28	29	30	31	1	2	**3**
32	4	5	6	7	8	9	**10**
33	**11**	**12**	**13**	**14**	**15**	**16**	**17**
34	18	19	20	21	22	23	**24**
35	25	26	27	28	29	30	**31**

WEEK 34   AUGUST

MONDAY
18

TUESDAY
19

WEDNESDAY
20

THURSDAY
21

2025

FRIDAY
22

SATURDAY
23 ●

SUNDAY
24

NOTES

AUGUST

	M	T	W	T	F	S	**S**
31	28	29	30	31	1	2	**3**
32	4	5	6	7	8	9	**10**
33	11	12	13	14	15	16	**17**
34	18	19	20	21	22	23	**24**
35	25	26	27	28	29	30	**31**

WEEK 35

AUGUST

MONDAY
25

TUESDAY
26

WEDNESDAY
27

THURSDAY
28

2025

FRIDAY
29

SATURDAY
30

SUNDAY
31 ☽

NOTES

	AUGUST						
	M	T	W	T	F	S	**S**
31	28	29	30	31	1	2	**3**
32	4	5	6	7	8	9	**10**
33	11	12	13	14	15	16	**17**
34	18	19	20	21	22	23	**24**
35	**25**	**26**	**27**	**28**	**29**	**30**	**31**

WEEK 36   SEPTEMBER

MONDAY
1

TUESDAY
2

WEDNESDAY
3

THURSDAY
4

2025

FRIDAY
5

SATURDAY
6

SUNDAY
7 ○

NOTES

SEPTEMBER

	M	T	W	T	F	S	**S**
36	1	2	3	4	5	6	**7**
37	8	9	10	11	12	13	**14**
38	15	16	17	18	19	20	**21**
39	22	23	24	25	26	27	**28**
40	29	30	1	2	3	4	5

WEEK 37

SEPTEMBER

MONDAY
8

TUESDAY
9

WEDNESDAY
10

THURSDAY
11

2025

FRIDAY
12

SATURDAY
13

SUNDAY
14 ☾

NOTES

SEPTEMBER

	M	T	W	T	F	S	**S**
36	1	2	3	4	5	6	**7**
37	8	9	10	11	12	13	**14**
38	15	16	17	18	19	20	**21**
39	22	23	24	25	26	27	**28**
40	29	30	1	2	3	4	5

WEEK 38 — SEPTEMBER

MONDAY
15

TUESDAY
16

WEDNESDAY
17

THURSDAY
18

2025

FRIDAY
19

SATURDAY
20

SUNDAY
21 ●

NOTES

	SEPTEMBER						
	M	T	W	T	F	S	**S**
36	1	2	3	4	5	6	**7**
37	8	9	10	11	12	13	**14**
38	15	16	**17**	18	19	20	**21**
39	22	23	24	25	26	27	**28**
40	29	30	1	2	3	4	5

WEEK 39   SEPTEMBER

MONDAY
22
18:19 UTC

TUESDAY
23

WEDNESDAY
24

THURSDAY
25

2025

FRIDAY
26

SATURDAY
27

SUNDAY
28

NOTES

SEPTEMBER

	M	T	W	T	F	S	**S**
36	1	2	3	4	5	6	**7**
37	8	9	10	11	12	13	**14**
38	15	16	17	18	19	20	**21**
39	**22**	**23**	**24**	**25**	**26**	**27**	**28**
40	29	30	1	2	3	4	5

WEEK 40　　　SEPTEMBER–OCTOBER

MONDAY
29 ☽

TUESDAY
30

WEDNESDAY
1

THURSDAY
2

2025

FRIDAY
3

SATURDAY
4

SUNDAY
5

NOTES

OCTOBER

	M	T	W	T	F	S	**S**
40	29	30	1	2	3	4	**5**
41	6	7	8	9	10	11	**12**
42	13	14	15	16	17	18	**19**
43	20	21	22	23	24	25	**26**
44	27	28	29	30	31	1	2

WEEK 41   OCTOBER

MONDAY
6

TUESDAY
7 ○

WEDNESDAY
8

THURSDAY
9

2025

FRIDAY
10

SATURDAY
11

SUNDAY
12

NOTES

	OCTOBER						
	M	T	W	T	F	S	**S**
40	29	30	1	2	3	4	**5**
41	6	7	8	9	10	11	**12**
42	13	14	15	16	17	18	**19**
43	20	21	22	23	24	25	**26**
44	27	28	29	30	31	1	2

WEEK 42

OCTOBER

MONDAY
13 ☾

TUESDAY
14

WEDNESDAY
15

THURSDAY
16

2025

FRIDAY
17

SATURDAY
18

SUNDAY
19

NOTES

OCTOBER

	M	T	W	T	F	S	**S**
40	29	30	1	2	3	4	**5**
41	6	7	8	9	10	11	**12**
42	13	14	15	16	17	18	**19**
43	20	21	22	23	24	25	**26**
44	27	28	29	30	31	1	2

WEEK 43　　　　　　　OCTOBER

MONDAY
20

TUESDAY
21 ●

WEDNESDAY
22

THURSDAY
23

2025

FRIDAY
24

SATURDAY
25

SUNDAY
26

NOTES

	OCTOBER						
	M	T	W	T	F	S	**S**
40	29	30	1	2	3	4	**5**
41	6	7	8	9	10	11	**12**
42	13	14	15	16	17	18	**19**
43	20	21	22	23	24	25	**26**
44	27	28	29	30	31	1	2

WEEK 44   OCTOBER–NOVEMBER

MONDAY
27

TUESDAY
28

WEDNESDAY
29 ☽

THURSDAY
30

2025

FRIDAY
31

SATURDAY
1

SUNDAY
2

NOTES

OCTOBER

	M	T	W	T	F	S	S
40	29	30	1	2	3	4	**5**
41	6	7	8	9	10	11	**12**
42	13	14	15	16	17	18	**19**
43	20	21	22	23	24	25	**26**
44	**27**	**28**	**29**	**30**	**31**	1	2

WEEK 45   NOVEMBER

MONDAY
3

TUESDAY
4

WEDNESDAY
5 ○

THURSDAY
6

2025

FRIDAY
7

SATURDAY
8

SUNDAY
9

NOTES

NOVEMBER

	M	T	W	T	F	S	S
44	27	28	29	30	31	1	**2**
45	3	4	5	6	7	8	**9**
46	10	11	12	13	14	15	**16**
47	17	18	19	20	21	22	**23**
48	24	25	26	27	28	29	**30**

WEEK 46   NOVEMBER

MONDAY
10

TUESDAY
11

WEDNESDAY
12 ☾

THURSDAY
13

2025

FRIDAY
14

SATURDAY
15

SUNDAY
16

NOTES

NOVEMBER

	M	T	W	T	F	S	**S**
44	27	28	29	30	31	1	**2**
45	3	4	5	6	7	8	**9**
46	10	11	12	13	14	15	**16**
47	17	18	19	20	21	22	**23**
48	24	25	26	27	28	29	**30**

WEEK 47   NOVEMBER

MONDAY
17

TUESDAY
18

WEDNESDAY
19

THURSDAY
20 ●

2025

FRIDAY
21

SATURDAY
22

SUNDAY
23

NOTES

NOVEMBER

	M	T	W	T	F	S	S
44	27	28	29	30	31	1	**2**
45	3	4	5	6	7	8	**9**
46	10	11	12	13	14	15	**16**
47	17	18	19	20	21	22	**23**
48	24	25	26	27	28	29	**30**

WEEK 48

NOVEMBER

MONDAY
24

TUESDAY
25

WEDNESDAY
26

THURSDAY
27

2025

FRIDAY
28 ☽

SATURDAY
29

SUNDAY
30

NOTES

	NOVEMBER						
	M	T	W	T	F	S	**S**
44	27	28	29	30	31	1	**2**
45	3	4	5	6	7	8	**9**
46	10	11	12	13	14	15	**16**
47	17	18	19	20	21	22	**23**
48	24	25	26	27	28	29	**30**

WEEK 49   DECEMBER

MONDAY
1

TUESDAY
2

WEDNESDAY
3

THURSDAY
4   ○

2025

FRIDAY
5

SATURDAY
6

SUNDAY
7

NOTES

DECEMBER

	M	T	W	T	F	S	**S**
49	1	2	3	4	5	6	7
50	8	9	10	11	12	13	**14**
51	15	16	17	18	19	20	**21**
52	22	23	24	25	26	27	**28**
1	29	30	31	1	2	3	4

WEEK 50

DECEMBER

MONDAY
8

TUESDAY
9

WEDNESDAY
10

THURSDAY
11 ☾

2025

FRIDAY
12

SATURDAY
13

SUNDAY
14

NOTES

DECEMBER

	M	T	W	T	F	S	**S**
49	1	2	3	4	5	6	**7**
50	8	9	10	11	12	13	**14**
51	15	16	17	18	19	20	**21**
52	22	23	24	25	26	27	**28**
1	29	30	31	1	2	3	4

WEEK 51

DECEMBER

MONDAY
15

TUESDAY
16

WEDNESDAY
17

THURSDAY
18

2025

FRIDAY
19

SATURDAY
20

SUNDAY
21

15:03 UTC

NOTES

DECEMBER

	M	T	W	T	F	S	**S**
49	1	2	3	4	5	6	**7**
50	8	9	10	11	12	13	**14**
51	15	16	17	18	19	20	**21**
52	22	23	24	25	26	27	**28**
1	29	30	31	1	2	3	4

WEEK 52

DECEMBER

MONDAY
22

TUESDAY
23

WEDNESDAY
24

THURSDAY
25

2025

FRIDAY
26

SATURDAY
27 ☽

SUNDAY
28

NOTES

DECEMBER

	M	T	W	T	F	S	**S**
49	1	2	3	4	5	6	**7**
50	8	9	10	11	12	13	**14**
51	15	16	17	18	19	20	**21**
52	22	23	24	25	26	27	**28**
1	29	30	31	1	2	3	4

WEEK 1

DECEMBER–JANUARY

MONDAY
29

TUESDAY
30

WEDNESDAY
31

THURSDAY
1

2025–2026

FRIDAY
2

SATURDAY
3 ○

SUNDAY
4

NOTES

	JANUARY 2026						
	M	T	W	T	F	S	**S**
1	29	30	31	**1**	**2**	**3**	**4**
2	**5**	**6**	7	8	9	10	**11**
3	12	13	14	15	16	17	**18**
4	19	20	21	22	23	24	**25**
5	26	27	28	29	30	31	1

2026

JANUARY

M	T	W	T	F	S	**S**
29	30	31	1	2	3	**4**
5	6	7	8	9	10	**11**
12	13	14	15	16	17	**18**
19	20	21	22	23	24	**25**
26	27	28	29	30	31	

FEBRUARY

M	T	W	T	F	S	**S**
26	27	28	29	30	31	**1**
2	3	4	5	6	7	**8**
9	10	11	12	13	14	**15**
16	17	18	19	20	21	**22**
23	24	25	26	27	28	

MARCH

M	T	W	T	F	S	**S**
23	24	25	26	27	28	**1**
2	3	4	5	6	7	**8**
9	10	11	12	13	14	**15**
16	17	18	19	20	21	**22**
23/30	24/31	25	26	27	28	**29**

APRIL

M	T	W	T	F	S	**S**
30	31	1	2	3	4	**5**
6	7	8	9	10	11	**12**
13	14	15	16	17	18	**19**
20	21	22	23	24	25	**26**
27	28	29	30	1	2	3

MAY

M	T	W	T	F	S	**S**
27	28	29	30	1	2	**3**
4	5	6	7	8	9	**10**
11	12	13	14	15	16	**17**
18	19	20	21	22	23	**24**
25	26	27	28	29	30	**31**

JUNE

M	T	W	T	F	S	**S**
1	2	3	4	5	6	**7**
8	9	10	11	12	13	**14**
15	16	17	18	19	20	**21**
22	23	24	25	26	27	**28**
29	30	1	2	3	4	5

JULY

M	T	W	T	F	S	**S**
29	30	1	2	3	4	**5**
6	7	8	9	10	11	**12**
13	14	15	16	17	18	**19**
20	21	22	23	24	25	**26**
27	28	29	30	31	1	2

AUGUST

M	T	W	T	F	S	**S**
27	28	29	30	31	1	**2**
3	4	5	6	7	8	**9**
10	11	12	13	14	15	**16**
17	18	19	20	21	22	**23**
24/31	25	26	27	28	29	**30**

SEPTEMBER

M	T	W	T	F	S	**S**
31	1	2	3	4	5	**6**
7	8	9	10	11	12	**13**
14	15	16	17	18	19	**20**
21	22	23	24	25	26	**27**
28	29	30	1	2	3	4

OCTOBER

M	T	W	T	F	S	**S**
28	29	30	1	2	3	**4**
5	6	7	8	9	10	**11**
12	13	14	15	16	17	**18**
19	20	21	22	23	24	**25**
26	27	28	29	30	31	1

NOVEMBER

M	T	W	T	F	S	**S**
26	27	28	29	30	31	**1**
2	3	4	5	6	7	**8**
9	10	11	12	13	14	**15**
16	17	18	19	20	21	**22**
23/30	24	25	26	27	28	**29**

DECEMBER

M	T	W	T	F	S	**S**
30	1	2	3	4	5	**6**
7	8	9	10	11	12	**13**
14	15	16	17	18	19	**20**
21	22	23	24	25	26	**27**
28	29	30	31	1	2	3

2027

JANUARY
M	T	W	T	F	S	S
28	29	30	31	1	2	**3**
4	5	6	7	8	9	**10**
11	12	13	14	15	16	**17**
18	19	20	21	22	23	**24**
25	26	27	28	29	30	**31**

FEBRUARY
M	T	W	T	F	S	S
1	2	3	4	5	6	**7**
8	9	10	11	12	13	**14**
15	16	17	18	19	20	**21**
22	23	24	25	26	27	**28**
1	2	3	4	5	6	7

MARCH
M	T	W	T	F	S	S
1	2	3	4	5	6	**7**
8	9	10	11	12	13	**14**
15	16	17	18	19	20	**21**
22	23	24	25	26	27	**28**
29	30	31	1	2	3	4

APRIL
M	T	W	T	F	S	S
29	30	31	1	2	3	**4**
5	6	7	8	9	10	**11**
12	13	14	15	16	17	**18**
19	20	21	22	23	24	**25**
26	27	28	29	30	1	2

MAY
M	T	W	T	F	S	S
26	27	28	29	30	1	**2**
3	4	5	6	7	8	**9**
10	11	12	13	14	15	**16**
17	18	19	20	21	22	**23**
$^{24}/_{31}$	25	26	27	28	29	**30**

JUNE
M	T	W	T	F	S	S
31	1	2	3	4	5	**6**
7	8	9	10	11	12	**13**
14	15	16	17	18	19	**20**
21	22	23	24	25	26	**27**
28	29	30	1	2	3	4

JULY
M	T	W	T	F	S	S
28	29	30	1	2	3	**4**
5	6	7	8	9	10	**11**
12	13	14	15	16	17	**18**
19	20	21	22	23	24	**25**
26	27	28	29	30	31	1

AUGUST
M	T	W	T	F	S	S
26	27	28	29	30	31	**1**
2	3	4	5	6	7	**8**
9	10	11	12	13	14	**15**
16	17	18	19	20	21	**22**
$^{23}/_{30}$	$^{24}/_{31}$	25	26	27	28	**29**

SEPTEMBER
M	T	W	T	F	S	S
30	31	1	2	3	4	**5**
6	7	8	9	10	11	**12**
13	14	15	16	17	18	**19**
20	21	22	23	24	25	**26**
27	28	29	30	1	2	3

OCTOBER
M	T	W	T	F	S	S
27	28	29	30	1	2	**3**
4	5	6	7	8	9	**10**
11	12	13	14	15	16	**17**
18	19	20	21	22	23	**24**
25	26	27	28	29	30	**31**

NOVEMBER
M	T	W	T	F	S	S
1	2	3	4	5	6	**7**
8	9	10	11	12	13	**14**
15	16	17	18	19	20	**21**
22	23	24	25	26	27	**28**
29	30	1	2	3	4	5

DECEMBER
M	T	W	T	F	S	S
29	30	1	2	3	4	**5**
6	7	8	9	10	11	**12**
13	14	15	16	17	18	**19**
20	21	22	23	24	25	**26**
27	28	29	30	31	1	2

INTERNATIONAL HOLIDAYS 2026

AUSTRALIA

January 1	New Year's Day
26	Australia Day
April 3	Good Friday
4	Easter Saturday*
5	Easter Sunday
6	Easter Monday
25	Anzac Day
June 8	King's Birthday*
December 25	Christmas Day
26	Boxing Day

AUSTRIA

January 1	New Year's Day
6	Epiphany
April 3	Good Friday*
5	Easter
6	Easter Monday
May 1	Labour Day
14	Ascension
25	Whit Monday
June 4	Corpus Christi Day
August 15	Assumption
October 26	National Day
November 1	All Saints' Day
December 8	Immaculate Conception
25	Christmas Day
26	St. Stephen's Day

BELGIUM

January 1	New Year's Day
April 5	Easter
6	Easter Monday
May 1	Labour Day
14	Ascension
25	Whit Monday
July 21	National Day
August 15	Assumption
November 1	All Saints' Day
11	Armistice Day
December 25	Christmas Day

CANADA

January 1	New Year's Day
February 16	Civic Holiday*
April 3	Good Friday
5	Easter
May 18	Victoria Day
July 1	Canada Day
August 3	Civic Holiday*
September 7	Labour Day
October 12	Thanksgiving Day
November 11	Remembrance Day
December 25	Christmas Day
26	Boxing Day*

CZECH REPUBLIC

January 1	New Year's Day
April 3	Good Friday
5	Easter
6	Easter Monday
May 1	May Day
8	Liberation Day
July 5	St. Cyril and St. Methodius Day
6	Jan Hus Day
September 28	Statehood Day
October 28	Independence Day
November 17	Freedom and Democracy Day
December 24	Christmas Eve
25	Christmas Day
26	Second Christmas Day

FRANCE

January 1	New Year's Day
April 5	Easter
6	Easter Monday
May 1	Labour Day
8	WWII Victory Day
14	Ascension
25	Whit Monday
July 14	National Day
August 15	Assumption

INTERNATIONAL HOLIDAYS 2026

November 1 All Saints' Day
11 Armistice Day
December 25 Christmas Day

GERMANY

January 1 New Year's Day
April 3 Good Friday
5 Easter
6 Easter Monday
May 1 Labour Day
14 Ascension
25 Whit Monday
October 3 Day of German Unity
December 25 Christmas Day
26 Second Christmas Day

IRELAND

January 1 New Year's Day
February 1 St. Brigid's Day
March 17 St. Patrick's Day
April 3 Good Friday
5 Easter
6 Easter Monday
May 4 May Bank Holiday
June 1 June Bank Holiday
August 3 August Bank Holiday
October 26 October Bank Holiday
December 25 Christmas Day
26 St. Stephen's Day

ITALY

January 1 New Year's Day
6 Epiphany
April 5 Easter
6 Easter Monday
25 Liberation Day
May 1 Labour Day
June 2 Republic Day
August 15 Assumption
November 1 All Saints' Day
December 8 Immaculate Conception
25 Christmas Day
26 St. Stephen's Day

JAPAN

January 1 New Year's Day
12 Coming of Age Day
February 11 National Foundation Day
23 Emperor's Birthday
March 20 Vernal Equinox Day
April 29 Showa Day
May 3 Constitution Memorial Day
4 Greenery Day
5 Children's Day
July 20 Marine Day
August 11 Mountain Day
September 21 Respect for the Aged Day
23 Autumnal Equinox Day
October 12 Sports Day
November 3 Culture Day
23 Labour Thanksgiving Day

NETHERLANDS

January 1 New Year's Day
April 3 Good Friday*
5 Easter
6 Easter Monday
27 King's Birthday
May 5 Liberation Day
14 Ascension
24 Pentecost
25 Whit Monday
December 25 Christmas Day
26 Second Christmas Day

NORWAY

January 1 New Year's Day
April 2 Maundy Thursday
3 Good Friday
5 Easter
6 Easter Monday
May 1 Labour Day
14 Ascension

INTERNATIONAL HOLIDAYS 2026

- May 17 Constitution Day
- 24 Whit Sunday
- 25 Whit Monday
- December 25 Christmas Day
- 26 Second Christmas Day

POLAND

- January 1 New Year's Day
- 6 Epiphany
- April 5 Easter
- 6 Easter Monday
- May 1 State Holiday
- 3 Constitution Day
- 24 Pentecost
- June 4 Corpus Christi Day
- August 15 Assumption
- November 1 All Saints' Day
- 11 Independence Day
- December 25 Christmas Day
- 26 Second Christmas Day

PORTUGAL

- January 1 New Year's Day
- February 17 Shrove Tuesday (Carnival)
- April 3 Good Friday
- 5 Easter
- 25 Liberation Day
- May 1 Labour Day
- June 4 Corpus Christi Day
- 10 National Day
- August 15 Assumption
- October 5 Republic Day
- November 1 All Saints' Day
- December 1 Independence Day
- 8 Immaculate Conception
- 25 Christmas Day

SLOVAKIA

- January 1 New Year's Day, Republic Day
- 6 Epiphany
- April 3 Good Friday
- 5 Easter
- 6 Easter Monday
- May 1 May Day
- 8 Victory Day
- July 5 St. Cyril and St. Methodius Day
- August 29 Slovak National Uprising Day
- September 1 Constitution Day
- 15 Our Lady of Sorrows Day
- November 1 All Saints' Day
- 17 Freedom and Democracy Day
- December 24 Christmas Eve
- 25 Christmas Day
- 26 Second Christmas Day

SPAIN

- January 1 New Year's Day
- 6 Epiphany
- April 2 Maundy Thursday*
- 3 Good Friday
- May 1 Labour Day
- August 15 Assumption
- October 12 National Day
- November 1 All Saints' Day
- December 6 Constitution Day
- 8 Immaculate Conception
- 25 Christmas Day

SWEDEN

- January 1 New Year's Day
- 6 Epiphany
- April 3 Good Friday
- 5 Easter
- 6 Easter Monday
- May 1 Labour Day
- 14 Ascension
- 24 Pentecost
- June 6 National Day
- 20 Midsummer's Day
- October 31 All Saints' Day

INTERNATIONAL HOLIDAYS 2026

December 25 Christmas Day
26 Second Christmas Day

SWITZERLAND

January 1 New Year's Day
April 3 Good Friday*
5 Easter
6 Easter Monday*
May 1 Labour Day*
14 Ascension
25 Whit Monday*
August 1 National Day
December 25 Christmas Day
26 St. Stephen's Day*

UNITED KINGDOM

January 1 New Year's Day
2 Second of January*
March 17 St. Patrick's Day*
April 3 Good Friday
5 Easter
6 Easter Monday*

May 4 Early May Bank Holiday
25 Spring Bank Holiday
August 3 Summer Bank Holiday*
31 Summer Bank Holiday*
November 30 St. Andrew's Day*
December 25 Christmas Day
26 Boxing Day

USA

January 1 New Year's Day
19 Martin Luther King Jr. Day
February 16 Presidents' Day
April 5 Easter
May 25 Memorial Day
July 4 Independence Day
September 7 Labour Day
October 12 Columbus Day
November 11 Veterans' Day
26 Thanksgiving Day
December 25 Christmas Day

*Not a public holiday/Not a public holiday in all regions.
This table lists commemorative dates. Additional public holidays may precede or follow some dates.
Regional holidays may not be included. This information is provided as a guide only.

NOTES

2026 YEAR PLANNER

#	JANUARY	FEBRUARY	MARCH
1	T	S	S
2	F	M	M
3	S	T	T
4	S	W	W
5	M	T	T
6	T	F	F
7	W	S	S
8	T	S	S
9	F	M	M
10	S	T	T
11	S	W	W
12	M	T	T
13	T	F	F
14	W	S	S
15	T	S	S
16	F	M	M
17	S	T	T
18	S	W	W
19	M	T	T
20	T	F	F
21	W	S	S
22	T	S	S
23	F	M	M
24	S	T	T
25	S	W	W
26	M	T	T
27	T	F	F
28	W	S	S
29	T		S
30	F		M
31	S		T

2026 YEAR PLANNER

	APRIL	MAY	JUNE
1	W	F	M
2	T	S	T
3	F	S	W
4	S	M	T
5	S	T	F
6	M	W	S
7	T	T	S
8	W	F	M
9	T	S	T
10	F	S	W
11	S	M	T
12	S	T	F
13	M	W	S
14	T	T	S
15	W	F	M
16	T	S	T
17	F	S	W
18	S	M	T
19	S	T	F
20	M	W	S
21	T	T	S
22	W	F	M
23	T	S	T
24	F	S	W
25	S	M	T
26	S	T	F
27	M	W	S
28	T	T	S
29	W	F	M
30	T	S	T
31		S	

2026 YEAR PLANNER

		JULY	AUGUST	SEPTEMBER
1		W	S	T
2		T	S	W
3		F	M	T
4		S	T	F
5		S	W	S
6		M	T	S
7		T	F	M
8		W	S	T
9		T	S	W
10		F	M	T
11		S	T	F
12		S	W	S
13		M	T	S
14		T	F	M
15		W	S	T
16		T	S	W
17		F	M	T
18		S	T	F
19		S	W	S
20		M	T	S
21		T	F	M
22		W	S	T
23		T	S	W
24		F	M	T
25		S	T	F
26		S	W	S
27		M	T	S
28		T	F	M
29		W	S	T
30		T	S	W
31		F	M	

2026 YEAR PLANNER

	OCTOBER	NOVEMBER	DECEMBER
1	T	S	T
2	F	M	W
3	S	T	T
4	S	W	F
5	M	T	S
6	T	F	S
7	W	S	M
8	T	S	T
9	F	M	W
10	S	T	T
11	S	W	F
12	M	T	S
13	T	F	S
14	W	S	M
15	T	S	T
16	F	M	W
17	S	T	T
18	S	W	F
19	M	T	S
20	T	F	S
21	W	S	M ☀
22	T	S	T
23	F	M	W
24	S	T	T
25	S ☺	W	F
26	M	T	S
27	T	F	S
28	W	S	M
29	T	S	T
30	F	M	W
31	S		T

INTERNATIONAL DIALLING CODES

COUNTRY	DIAL OUT (ACCESS CODE)	DIAL IN (COUNTRY CODE)	EMERG. NUMBER	COUNTRY	DIAL OUT (ACCESS CODE)	DIAL IN (COUNTRY CODE)	EMERG. NUMBER
Algeria	00	213	17	Korea (South)	001*	82	999
Argentina	00	54	101	Latvia	00	371	112
Australia	0011	61	000	Lithuania	00	370	112
Austria	00	43	112	Luxembourg	00	352	112
Belgium	00	32	112	Macedonia	00	389	112
Bermuda	011	1441	911	Malaysia	00	60	999
Bolivia	00	591	110	Malta	00	356	112
Brazil	00	55	190	Mexico	00	52	066
Bulgaria	00	359	112	Morocco	00	212	19
Canada	011	1	911	Netherlands	00	31	112
Chile	00	56	133	New Zealand	00	64	111
China	00	86	110	Norway	00	47	112
Colombia	009*	57	112	Pakistan	00	92	15
Costa Rica	00	506	911	Paraguay	00	595	911
Croatia	00	385	112	Peru	00	51	105
Cuba	119	53	106	Philippines	00	63	117
Czech Republic	00	420	112	Poland	00	48	112
Denmark	00	45	112	Portugal	00	351	112
Dominican Rep.	011	1809	911	Puerto Rico	011	1787*	911
Ecuador	00	593	911	Qatar	00	974	999
Egypt	00	20	122	Romania	00	40	112
Estonia	00	372	112	Russia	810	7	112
Finland	00*	358	112	Saudi Arabia	00	966	999
France	00	33	112	Slovakia	00	421	112
Georgia	00	995	112	Slovenia	00	386	112
Germany	00	49	112	South Africa	00	27	10111
Greece	00	30	112	Spain	00	34	112
Guatemala	00	502	110	Sweden	00	46	112
Honduras	00	504	199	Switzerland	00	41	112
Hungary	00	36	112	Syria	00	963	112
Iceland	00	354	112	Thailand	001	66	191
India	00	91	100	Tunisia	00	216	197
Iran	00	98	110	Turkey	00	90	155
Ireland (Republic)	00	353	112	U.A.E.	00	971	999
Israel	00*	972	100	Ukraine	00	380	112
Italy	00	39	112	United Kingdom	00	44	112
Jamaica	011	1876	119	United States	011	1	911
Japan	010	81	110	Uruguay	00	598	911
Jordan	00	962	911	Venezuela	00	58	171

*Additional access codes also in use.

WORLD TIME ZONES

UTC 12:00	UTC+1 13:00	UTC+2 14:00	UTC+3 15:00
Accra	Berlin	Athens	Baghdad
Lisbon	Paris	Cairo	Nairobi
London	Rome	Tel Aviv	Riyadh
UTC+4 16:00	**UTC+5 17:00**	**UTC+5.5 17:30**	**UTC+6 18:00**
Dubai	Karachi	Delhi	Almaty
Moscow	Tashkent	Kolkata	Dhaka
		Mumbai	
UTC+7 19:00	**UTC+8 20:00**	**UTC+9 21:00**	**UTC+10 22:00**
Bangkok	Beijing	Seoul	Melbourne
Jakarta	Manila	Tokyo	Sydney
	Singapore		
UTC+12 24:00	**UTC−10 02:00**	**UTC−9 03:00**	**UTC−8 04:00**
Auckland	Honolulu	Anchorage	Los Angeles
Suva			San Francisco
Wellington			Vancouver
UTC−6 06:00	**UTC−5 07:00**	**UTC−4 08:00**	**UTC−3 09:00**
Chicago	Miami	Halifax	Buenos Aires
Houston	New York	La Paz	Rio de Janeiro
Mexico City	Toronto	Santiago	

Coordinated Universal Time (UTC) is equivalent to Greenwich Mean Time (GMT).

CONVERSIONS

CLOTHING SIZES

WOMEN – CLOTHING							
France/Spain	34	36	38	40	42	44	46
Germany	32	34	36	38	40	42	44
Italy	36	38	40	42	44	46	48
Japan	5	7	9	11	13	15	17
North America	0	2	4	6	8	10	12
UK/Ireland	4	6	8	10	12	14	16
WOMEN – SHOES							
Europe	35	36	37	38	39	40	41
Japan	22	23	23.5	24	24.5	25.5	26
North America	5	6	6.5	7.5	8.5	9.5	10
UK/Ireland	2.5	3.5	4	5	6	7	7.5
MEN – SUITS AND COATS							
Europe	44	46	48	50	52	54	56
Japan	S	S	M	L	L	XL	XL
N. America/UK/Ire.	34	36	38	40	42	44	46
MEN – SHOES							
Europe	40	41	42	43	44	45	46
Japan	25.5	26	26.5	27.5	28	29	29.5
North America	7.5	8	8.5	9.5	10	11	11.5
UK/Ireland	7	7.5	8	9	9.5	10.5	11

These measurements may vary between different countries and manufacturers. They are provided as a guide only.

MEASUREMENTS

WEIGHT		LENGTH/DISTANCE		AREA	
1 kilogram	2.2 pounds	1 centimetre	0.39 inches	1 sq metre	10.76 sq feet
1 pound	0.45 kilos	1 inch	2.54 cm	1 sq foot	0.09 sq m
1 kilogram	0.16 stone	1 metre	39.37 inches	1 sq metre	1.2 sq yards
1 stone	6.35 kilos	1 foot	30.48 cm	1 sq yard	0.84 sq m
VOLUME		1 kilometre	0.62 miles	1 hectare	2.47 acres
1 litre	0.26 gallons	1 mile	1.6 km	1 acre	0.4 hectares
1 gallon (US)	3.78 litres	1 metre	1.09 yards		
1 gallon (US)	0.03 barrels	1 yard	91.44 cm		

TEMPERATURE

Celsius

$Celsius = 5/9 \times (Fahrenheit - 32)$

−18 −10 0 10 20 30 37

0 10 20 32 40 50 60 70 80 90 100

Fahrenheit

$Fahrenheit = (9/5 \times Celsius) + 32$

TRAVEL PLANNING

DATE FROM/TO	DESTINATION

BIRTHDAYS & IMPORTANT DATES

DATE	EVENT

NOTES

DED5741, DED5742, DED5743, DED5744, DED5745, DED5746, DED5747, DED5748, DED5749, DED5750